Egon Friedell

Novalis

Der Geist der Romantik
Eine Biografie

LIWI
LITERATUR- UND WISSENSCHAFTSVERLAG

Bibliografische Information der Deutschen Nationalbibliothek
Die Deutsche Nationalbibliothek verzeichnet diese Publikation in der
Deutschen Nationalbibliografie; detaillierte bibliografische Daten
sind im Internet über http://dnb.dnb.de abrufbar.

Egon Friedell
Novalis
Der Geist der Romantik
Eine Biografie
Durchgesehener Neusatz, der Text dieser Ausgabe folgt dem Erstdruck unter dem Titel
„Novalis“, in: Friedell, Egon: Kleine Porträtgalerie, München 1953.

Neuausgabe, Göttingen 2020.
Umschlaggestaltung und Buchsatz: LIWI Verlag
Buchumschlag unter Verwendung des Bildes „Novalis“, Eduard Eichens, 1845.
LIWI Literatur- und Wissenschaftsverlag
Thomas Löding, Bergenstr. 3, 37075 Göttingen
Internet: liwi-verlag.de | Instagram: liwiverlag | Facebook: liwiverlag
Druck: BoD GmbH, In de Tarpen 42, 22848 Norderstedt
ISBN: 978-3-96542-390-9

riedrich von Hardenberg, der als Künstler Novalis hieß, darf als einer der allercharakteristischsten Repräsentanten seiner Zeit gelten. Seine Philosophie tritt erst in ihre volle Beleuchtung, wenn sie als Extrakt und Type ihres Zeitalters verstanden wird. Wir müssen daher zunächst versuchen, uns diese Periode in ihren allgemeinsten historischen Zügen kurz zu vergegenwärtigen.

Die politischen und religiösen Zustände

Hardenbergs Leben umfaßt die drei letzten Jahrzehnte des achtzehnten Jahrhunderts: die Zeit der großen Revolutionen. Auf den nordamerikanischen Freiheitskrieg und die Gründung der Vereinigten Staaten war die Französische Revolution gefolgt, die durch die imposante Ferozität der Instinkte, die hier frei wurden, Europa ein blendendes Schauspiel bot. Indessen hat die Französische Revolution auf Deutschland im ganzen nicht günstig gewirkt: ihre Haupterzeugnisse auf deutschem Boden waren Schwärmerei und Reaktion.

Auch in Preußen, dem Vaterlande und vorwiegenden Aufenthalte Hardenbergs, lagen die politischen Zustände nicht günstiger als anderswo. Kein Land ruhte mehr auf der Persönlichkeit seines Monarchen als Preußen. Auf die glänzende friderizianische Ära war die Regierung Friedrich Wilhelms II. gefolgt, der in

allem das Gegenbild seines großen Oheims war. Er war kein bö-
ser Mensch, auch nicht unbegabt, aber überaus leichtfertig und
genußsüchtig, energielos und bequem, jeder momentanen Im-
pression bereitwillig zugänglich, der richtige Gefühlsmensch am
Ende des achtzehnten Jahrhunderts. Seine persönlichen Verhältnisse waren ungeordnet, das Hofleben frivol und ausschweifend,
er selbst dem schönen Geschlecht mehr zugetan, als es sich mit
seinen strenggläubigen Tendenzen vertrug. Nichts glückte ihm:
notwendige militärische und administrative Reformen unter-
blieben entweder ganz oder gelangten nur sehr unvollkommen
zur Ausführung; um der überhandnehmenden Freigeisterei zu
steuern, erließ er eine Reihe von Religions- und Zensuredikten,
die aber nur einen unverständigen Glaubenszwang einführten
und die Sache vollends verdarben. Sein Hang zur Romantik und
zum Mystizismus führte ihn dem Obskurantismus und dem
Schwindel in die Arme, er fand bald in dem gewissenlosen Wöll-
ner seinen Tartüff und in dem geriebenen Bischofswerder seinen
Cagliostro. Dieser gewann ihn für den berühmten Rosenkreuzer-
orden, der damals in voller Blüte stand und Zauberei, Alchimie
und Geisterbeschwörung mit großer Geschicklichkeit betrieb.
Der magische Humbug, der in der damaligen Zeit ein wirksames
Mittel des Seelenfangs war, hat in Schillers »Geisterseher« eine
meisterhafte Darstellung gefunden, die heute noch die Leser
auch lebhafteste zu spannen vermag.

Friedrich Wilhelm III., der 1798 in der Regierung folgte, war
kaum besser als sein Vorgänger. War dieser oberflächlich gewesen, so war jener seicht; wußte dieser nie recht, was er wollte, so
wollte jener überhaupt nichts Rechtes. Sympathisch an ihm war

nichts als eine gewisse bourgeoise Anständigkeit und Jovialität und seine schöne und liebenswürdige junge Gattin: im übrigen war er trocken, ohne Schwung, ohne Eigenart, ein durch und durch halber Mensch, der in nichts Persönlichkeit zu legen verstand.

Unter solchen Herrschern geschah nichts, um Preußen auf seiner mühsam errungenen Höhe zu halten: die inneren Mißstände wuchsen, während der Staat nach außen immer mehr das Ansehen einer Großmacht verlor; im religiösen Leben hielten blinde Dunkelmännerei und zügellose Freigeisterei sich die Waage, Staat und Kirche waren zum toten Mechanismus herabgesunken, um den man sich nur noch pflichtmäßig kümmerte.

Die gesellschaftlichen Zustände

Das öffentliche Leben war ein Spiegelbild des Hofs: die Frivolität nahm allerorten zu, mit dem übermäßigen und übernatürlichen Bildungstrieb ging eine allgemeine Verflachung und Veräußerlichung der geistigen Bedürfnisse Hand in Hand. Vielleserei und gedankenlose Beherrschung der Modeschlagworte schien bald wichtiger als Durchdringung des geistigen Gehalts der Zeit. Über die innere Leere mußte witzelndes Geschwätz hinweghelfen: Affektation und Selbstgefälligkeit wurden die Triebfedern der öffentlichen Bildung, und als der Geistreichste galt der, welcher über die meisten Dinge spöttisch und verächtlich zu reden wußte. Diesen Geist der Zersetzung und der Oberflächlichkeit hat Fichte in seinen »*Grundzügen des gegenwärtigen Zeitalters*« in harter, aber wohlverdienter

Weise gekennzeichnet, der religiösen Aufklärerei und dem Demokratismus ist Novalis in seinen Schriften *»Die Christenheit oder Europa«* und *»Glaube und Liebe«* entgegengetreten.

Das geistige Leben

Aus der Unerquicklichkeit und Trostlosigkeit der politischen, religiösen und gesellschaftlichen Zustände erklärt sich der merkwürdige Charakter des damaligen Geisteslebens. Das öffentliche Leben konnte den geistigen Potenzen der Zeit keine Nahrung und kein Arbeitsfeld bieten. Die Folge war daher bei den hervorragenden geistigen Kapazitäten eine lebhafte und bewußte Abkehr von der Außenwelt und eine liebevolle und tiefe Versenkung in das Innenleben: dies wird die Parole des Zeitalters. Hier finden so ausgezeichnete und singuläre Erscheinungen wie Schleiermacher und Hölderlin ihre Erklärung; von hier nahm das Denken Goethes und Fichtes seine merkwürdige Richtung; hier wurzelt auch die Dichtung und Philosophie der Romantiker, an deren Spitze Novalis steht.

So kommt es, daß in dieser Zeit Deutschland einen außerordentlichen politischen Tiefstand und zugleich den Höhepunkt seines geistigen Lebens erreicht hat, einen Höhepunkt, wie man ihn bisher nicht erlebt hatte und der auch seitdem nicht mehr wiedergekommen ist. Damals konzipierten Kant und Fichte ihre tiefsinnigen Philosopheme, dichteten Goethe und Schiller ihre vollendetsten Dramen und machten die Brüder Humboldt ihre folgenschweren wissenschaftlichen Entdeckungen. Um diese Männer bildete sich ein fast unübersehbarer Kreis von originellen und fruchtbaren Begabungen, die auf allen Gebieten, in Dichtung und Philosophie, in Medizin und Naturwissenschaft, in Geschichtschreibung und Philologie das Fundament zu den nachhaltigsten geistigen Bewegungen gelegt haben.

Die eindrucksvollsten Figuren, die Goethe in jener Zeit geschaffen hat, sind der *Faust* und der *Werther*. Vergegenwärtigen wir uns den Faust, wie er uns im ersten Teil entgegentritt, voll Welt- und Tatendurst und dabei doch stets den Blick nach innen gerichtet, von einem tiefen Drange beseelt, das Rätsel von Ich und Welt zu lösen, und von einem gleich heftigen Triebe ergriffen, in dieser Welt zu wirken und zu leben: so erscheint vor uns das Bild *Fichtes*. Lesen wir die Geschichte Werthers und sehen wir, wie sein Geist, bald feurig überwallend, bald in tiefe Schwermut versinkend, ziel- und bodenlos umherirrt, dabei stets erfüllt und bewegt von einer Liebe, die sein Schicksal wird: so erinnern wir uns unwillkürlich an *Novalis*.

Die Zeitphilosophie

Die Periode von 1770–1800 hat sich in Novalis ein doppeltes Denkmal errichtet: seine politischen und religiösen Gedanken sind gleichsam der Negativabdruck, seine philosophischen Ideen der Positivabdruck des Zeitalters; dort hat er gezeigt, was seine Zeit *nicht* war, hier, was sie war. Die Philosophie Hardenbergs ist der Fokus der zeitgenössischen Philosophie, in dem alle Richtungen sich treffen und vereinigen.

Es sind drei Probleme, von denen die Philosophie der Zeit bewegt wird: das Problem der Welt, das Problem Gottes und das

Problem des Menschen. Die Welt ist eine Tatsache der Erkenntnis, Gott ist eine Tatsache des Glaubens, der Mensch ist eine Tatsache der Geschichte. Die Philosophie gliedert sich daher in *Erkenntnisphilosophie, Glaubensphilosophie* und *Geschichtsphilosophie.*

Die epochemachende erkenntnisphilosophische Entdeckung der Zeit ist die Kantische: das gesamte Weltbild ist nichts anderes als ein Produkt der menschlichen Organisation. Wenn wir unsere Erkenntnis erkannt haben, haben wir die Welt erkannt. Unter diesem Gesichtspunkt ist die Erkenntnistheorie gleich der *Metaphysik.*

Es liegt in der Natur jedes kritischen Verfahrens, daß es sein Objekt analysiert, d.h. auflöst. Es ist aber im Wesen des menschlichen Geistes tief begründet, daß er einen unwiderstehlichen Hang zum Positiven besitzt. Für die negativen Ergebnisse, die eine kritisch gerichtete Philosophie zutage fördert, gibt es nur ein Äquivalent: den Glauben. In dieser Richtung greift die Gruppe der Glaubensphilosophen ergänzend ein: sie führt ihre Untersuchung aus dem grellen Lichte der Vernunftkritik in die geheimnisvolle Dunkelkammer des Gemüts und gründet darauf eine Gefühlsphilosophie, welche Sittlichkeit und Religiosität auf die gemeinsame Wurzel des ursprünglichen moralischen Bewußtseins zurückleitet und daher mit der *Ethik* zusammenfällt.

Es liegt endlich drittens fast immer im Wesen der Kunst, daß sie Beziehungen zur Vergangenheit sucht, geschichtliche Verwandtschaften und Gegensätze aufgreift und an diesen ihre Schöpfungen entwickelt. So besteht schon eine natürliche Verwandtschaft zwischen Kunst und Historie, zwischen Ästhetik und Geschichtswissenschaft. Diese Einsicht ist niemals vollständiger ergriffen und lebendiger gestaltet worden als am Ende des achtzehnten Jahrhunderts: die Kunst will im historischen Geiste erfaßt sein und die Geschichte muß wie ein Kunstwerk betrachtet werden. Im Bewußtsein dieser Zeit bildet daher die Geschichtsphilosophie mit der *Ästhetik* einen Begriff.

Für den allgemeinen Überblick gliedert sich daher das Gesamtgebäude der Zeitphilosophie in drei Haupttrakte:

1. Erkenntnisphilosophie (Metaphysik),
2. Glaubensphilosophie (Ethik),
3. Geschichtsphilosophie (Ästhetik).

Jede dieser drei Grundrichtungen durchmißt in den drei letzten Jahrzehnten des achtzehnten Jahrhunderts *drei Etappen.* Die drei Stufen, in denen sich die Erkenntnisphilosophie entwickelt, sind *Kants* Vernunftkritik, *Fichtes* Wissenschaftslehre und *Schellings* Naturphilosophie; die drei Stationen der Glaubensphilosophie sind verkörpert durch *Hamann, Jacobi* und *Schleiermacher;* die drei Männer, in denen sich die Geschichtsphilosophie schrittweise ausprägt, sind die Klassiker *Lessing, Herder* und *Schiller.*

In derselben Zeit sind die drei berühmtesten deutschen Dramen entstanden: Lessings »*Nathan*«, Goethes »*Faust*« und Schillers »*Wallenstein*«. Sie offenbaren zugleich den philosophischen Extrakt des Zeitalters: der »Nathan« umfaßt die Summe der Lessingschen *Glaubensphilosophie,* der »Faust« führt uns in die Tiefen der *metaphysischen Spekulation,* und der »Wallenstein« enthält den Kern der Schillerschen *Geschichtsphilosophie.*

Leben und Persönlichkeit

Hardenbergs Wort: »Was bildet den Menschen, als seine Lebensgeschichte?« findet auf ihn selbst die vollste Anwendung. Jedes Erlebnis wurde bei ihm *Charakter,* und seine Philosophie ist nichts als die tiefsinnige und poetische Form, in die er seine Schicksale gebracht hat. Sein Leben floß äußerlich ziemlich ruhig dahin: etwas »Besonderes« ist ihm nie widerfahren, aber dennoch kann man sagen, daß vielleicht wenig Menschen in einem kurzen Dasein mehr erlebt haben als Novalis. Etwas erleben ist eben auch Sache einer eigenen Kunst, und Novalis hat diese Kunst verstanden wie nicht viele.

Es ist hier nicht der Ort, um auf die schöne Biographie des Dichters näher einzugehen: wir heben daher nur jene Momente aus seiner Lebensgeschichte hervor, die für die Entwicklung seiner Weltanschauung und die Bildung seines Gemüts von besonderer Bedeutung waren.

Jena

Wir übergehen Hardenbergs Jugendgeschichte, die ihm keine nennenswerten Geisteseindrücke gebracht hat. Das erste große innere Erlebnis war seine Übersiedlung nach Jena und die Bekanntschaft mit *Schiller,* der dort als bereits gefeierter Dichter und Lehrer der Hochschule wirkte. Die zündende Persönlichkeit des genialen und temperamentvollen Mannes eroberte den jungen Studiosus, der damals schon dichterische Anlagen in sich fühlte. Wir besitzen einen Brief Hardenbergs an Reinhold, der uns den jugendlichen Überschwang, mit dem Novalis sich für Schiller begeisterte, sehr lebendig schildert: »Ach! wenn ich nur Schillern nenne, welches Heer von Empfindungen lebt in mir auf; wie mannigfaltig und reiche Züge versammeln sich zu dem einzigen, entzückenden Bilde Schillers... der mehr ist als Millionen Alltagsmenschen, der den begierdelosen Wesen, die wir Geister nennen, den Wunsch abnöthigen könnte, Sterbliche zu werden, dessen Seele die Natur con amore gebildet zu haben scheint, dessen sittliche Größe und Schönheit allein eine Welt, deren Bewohner er wäre, vom verdienten Untergange retten könnte,...« Und am Schlusse des Dithyrambus setzt Novalis hinzu: »Stolzer schlägt mir mein Herz, denn dieser Mann ist ein Deutscher; ich kannte ihn und er war mein Freund.« – Indes war Schiller nicht der Mann, um seine Schüler bloß zu phantastischem Schönreden zu begeistern, er hatte es am eigenen Leibe erfahren, daß nur strenge geistige Selbstzucht und ernste Charakterbildung den Dichter machen können: Schillers Einfluß hatte es Novalis hauptsächlich zu danken, daß er sich einer geordneten wissenschaftlichen Tätigkeit und einem geregelten Geistesleben zuwandte.

Durch den liebenswürdigen Reinhold wurde Novalis in die Kantische Philosophie eingeführt, und von da aus fand er den Eingang zu Fichte, der sein Denken aufs nachhaltigste bestimmt hat.

Sophie von Kühn

Das Zentralereignis in Hardenbergs Leben ist seine Liebe zu Sophie von Kühn. Als er Sophie kennenlernte, war sie ein halbes Kind (nach Tieck und Just dreizehn, nach Haym zwölf Jahre alt), zweieinhalb Jahre später starb sie. Über keinen Punkt der Novalisbiographie ist mehr geschrieben worden als über die Geschichte dieser Liebe. Tieck hat das Ganze wie ein lyrisches Gedicht behandelt, Heilborn hat alle Illusionen durch strenge historische Forschungen zerstören wollen, Bölsche hat die Poesie der Sache auf dem Wege vernünftiger psychologischer Erwägung wiederherzustellen versucht.

Indes dürfte es von nicht allzu großer Wichtigkeit sein, ob Sophie der Engel war, als den Tieck sie schildert, oder die unbedeutende Landpomeranze, die Heilborn aus ihr machen will. Denn zu dem, was sie Novalis war, konnten Sophie niemals ihre eigenen äußeren und inneren Vorzüge machen, sondern nur die Liebe eines Dichters. In Sophie liebte Novalis *sich selbst,* seine eigene Gefühlswelt, seinen poetischen Geist. Die Größe und Schönheit der Empfindung, die er, ein Dichter, in diese Liebe zu legen vermochte, gab ihm Sophiens Bild getreulich zurück. Auf solche Dichterliebe paßt wahrlich der Fichtesche Satz vom Nicht-Ich, das von unserer bewußtlosen Einbildungskraft erzeugt wird und das uns, wenn wir es gewahr werden, wie ein losgelöstes Objekt, wie eine selbständige Erscheinung gegenüberzustehen scheint. Für Novalis war seine Sophie ein solches Nicht-Ich: *diese* Sophie, die er liebte, war er selbst, war sein Produkt, nur wußte er es nicht.

Als sie starb, wurde sie immer mehr ein bloßes Bild seines Dichtergeistes. Nun hemmte keine irdische Schranke mehr seine Phantasie. Sie wurde der Gegenstand seines Kults, seiner Frömmigkeit. »Ich habe zu Sophie Religion, nicht Liebe.« Damals faßte er den Entschluß, ihr nachzusterben, sich durch freiwilligen Tod mit ihr zu vereinigen. Aber er dachte dabei an keinen gewöhnlichen Selbstmord, nur an die Kraft des Geistes: der innige Wunsch und die lebhafte Einbildung sollten dies bewirken. Diese höchst sonderbare Idee, an die er fest glaubte und über die uns seine Tagebuchblätter einen rührenden Aufschluß geben, hängt aufs engste mit seinen philosophischen Grundansichten, besonders mit seiner Lehre vom *magischen Idealismus* zusammen. Sein Tod sollte Beweis seines Gefühls für das Höchste, »ächte Aufopferung, nicht Flucht, nicht Nothmittel« sein. »Wie ein fröhlicher junger Dichter will ich sterben.«

Indes war seine Stunde noch nicht gekommen. Die Idee der Abkehr vom Leben trat zurück, und bald hatte die Erde ihn wieder.

Der romantische Kreis

Novalis trat ziemlich früh in den romantischen Kreis. Hier hat er seine beiden vertrautesten Freunde gefunden: zuerst Friedrich Schlegel, später Ludwig Tieck. Man kann sich kaum zwei größere Gegensätze denken als Novalis und Friedrich Schlegel: Novalis schwärmerisch und nach innen gekehrt, sanft und liebenswürdig, naiv und gesellig; Friedrich ein wetterwendischer Brausekopf, geistreich bis zur

Paradoxie und Spitzfindigkeit, agil und agitatorisch, ungemein selbstbewußt und ein stets kampfbereiter Krakeeler. Diese Charakterverschiedenheit hat sich in nichts anschaulicher ausgeprägt als in den Liebesverhältnissen der beiden Männer: Schlegel, der sich mit selbstgefälligem Zynismus in eine sinnliche Leidenschaft stürzt, die er allsogleich literarisch ausbeutet, und Novalis, der seine Verehrung für ein anmutiges Kind in die höchste poetische und religiöse Anschauung verflüchtigt. Trotzdem aber haben beide doch viel voneinander gehabt, und es würde nicht schwerfallen, im einzelnen den Nachweis zu liefern, daß sie sich gegenseitig in der fruchtbarsten Weise angeregt und gefördert haben. Ein Streit darüber, wer von beiden etwa mehr der Gebende und welcher mehr der Nehmende war, ist müßig.

Ganz anders verhielt es sich, als Novalis den jungen Tieck kennenlernte. Hier fanden sich zwei ganz verwandte Naturen, die völlig ineinander aufgingen und sich einander rückhaltlos hingaben. Sie kamen sogleich am ersten Abend auf Du und Novalis schrieb: »Deine Freundschaft hebt ein neues Buch in meinem Leben an.«

Zwischen geistig regsamen und empfänglichen Männern ist eine zweifache Art der Freundschaftsbeziehung möglich. Es kann eine Verbindung bestehen, die auf einer wirklichen und tiefgreifenden Übereinstimmung der Gesamtpersönlichkeiten beruht, eine geheime und dunkle Sympathie, die die Seelen gleichsam unterirdisch verbindet und die sich nicht völlig analysieren und begründen läßt, ein Band, das nicht nur die Geister, sondern viel mehr noch die Charaktere aneinanderzieht, und das weniger vom Verstand als vom Willen und vom Gemüt geknüpft wurde – mit einem Wort eine Herzensfreundschaft. Es kann sich aber auch bloß um eine Berührung der Intelligenz und Bildung handeln, es kann auch hier ein sehr freundschaftlicher und nutzbringender Verkehr entstehen, aber es ist klar, daß eine solche Freundschaft auf ganz andern Füßen stehen wird. Denn im Grunde sind es nur Aphorismen, die gewechselt, Kolloquien, die abgehalten werden, und der Charakter einer solchen Beziehung ist daher vorwiegend konversationell, dialogisch, dialektisch. Eine Freundschaft der ersten Art wird vor Störungen gesicherter sein, denn innerhalb gleichgestimmter Seelen und Charaktere gibt es keine Rangordnung, während der Verstand, die Bildung und die Fähigkeiten der Menschen sich immer in einem Abstufungsverhältnisse befinden und nie auf gleicher Höhe stehen. Daß Novalis und Tieck in einer Beziehung der ersten Art standen, hat ihre Freundschaft so bedeutsam und wohltätig gemacht; daß Friedrich Schlegel nicht fähig war, ebenso zu empfinden, war sein Fehler, und vielleicht sein größter. Er besaß nicht die unwiderstehliche Dialektik Schleiermachers, die unergründliche Gedankentiefe Hardenbergs, die unerschöpfliche Phantasie Tiecks. Aber er besaß von alledem etwas und dazu die größte geistige Beweglichkeit und Anpassungsfähigkeit, und er wäre daher wie kein zweiter berufen gewesen, zwischen so starken, aber einseitigen Talenten zu vermitteln. Er hat es auch in seiner Art versucht: daß es ihm nicht so völlig und glänzend gelungen ist, als es ihm hätte gelingen können, daran war zuallererst seine verstandesmäßige Auffassung der Freundschaft schuld. Er vergaß immer und immer wieder, daß die Freundschaft kein Komparativbegriff ist, er konnte es nicht lassen, überall Rivalitätsverhältnisse zu sehen: zwischen sich und Tieck, zwischen Tieck und Novalis, zwischen sich und Schleiermacher usf. Die Rivalität erzeugt Selbstsucht und Mißgunst und zerstört das reine Zusammenwirken.

Bergbau

Die geologischen Studien in Freiberg und die Tätigkeit an der Weißenfelser Salinendirektion haben Novalis zum Naturphilosophen gemacht. Wie überall, so empfand er auch hier die Poesie seiner Umgebung. Die Oryktognosie war für ihn sowenig wie für Goethe eine trockene Laboratoriumsarbeit, seine Anstellung bei den Salinen war ihm mehr als ein staatliches Administrationsamt. Im »*Heinrich von Ofterdingen*« läßt er den Alten, der in den Bergen haust, um der Natur recht nahe zu sein, warme Worte über den Bergbau sprechen: »Der Bergbau muß von Gott gesegnet werden! Denn es giebt keine Kunst, die ihre Theilhaber glücklicher und edler machte, die mehr den Glauben an eine himmlische Weisheit und Fügung erweckte und die Unschuld und die Kindlichkeit des Herzens reiner erhielte, als der Bergbau.« Werner, damals eine der ersten Kapazitäten seines Fachs, war ihm das vollkommene Vorbild eines echten Naturforschers. »In große bunte Bilder drängten sich die Wahrnehmungen seiner Sinne: er hörte, sah, tastete und dachte zugleich... er spielte mit den Kräften und Erscheinungen, er wußte, wo und wie er dies und jenes finden konnte.«

Lebensverhältnisse

Hardenbergs äußere Verhältnisse waren die denkbar glücklichsten, und nur so war es möglich, daß sein Denken die Züge einer schönen Harmonie trug, während ein abenteuerndes, unsicheres Leben seinem Wesen, das einen Zug ins Problematische hatte, leicht hätte gefährlich werden können. Die »*Fragmente*« enthalten eine Notiz, die sich zweifellos auf sein eigenes Leben bezieht: »Was fehlt Einem, wenn man brave, rechtliche Aeltern, achtungs- und liebenswerthe Freunde, geistvolle und mannichfache Bekannte, einen unbescholtenen Ruf, eine gefällige Gestalt, conventionelle Lebensart, einen meistens gesunden Körper, angemessene Beschäftigungen, angenehme und nützliche Fertigkeiten, eine heitere Seele, ein mäßiges Auskommen, mannichfaltige Schönheiten der Natur und Kunst um sich her, ein im Ganzen zufriedenes Gewissen – und entweder die Liebe, die Welt und das Familienleben noch vor sich oder die Liebe neben sich, die Welt hinter sich und eine gut gerathene Familie um sich hat? – Ich dächte, dort nichts als fleißigen Muth und geduldiges Vertrauen – hier nichts als Glauben und ein freundlicher Tod.«

Persönlichkeit

Versuchen wir uns Hardenbergs Persönlichkeit zu vergegenwärtigen, wie sie uns aus seinen Erlebnissen sowie aus seinen Tagebüchern und Briefen entgegentritt, so merken wir als einen der stärksten und auffallendsten Züge eine seltsame Mischung von Heiterkeit und Tiefsinn: auf der einen Seite ein sonnenklares, serenes Wesen, eine frohe Lebenszuversicht, ein unerschütterlicher Optimismus und Glaube an die Schönheit, Güte und Glücklichkeit des Universums; auf der andern Seite ein selbstquälerischer und schwermütiger Zug, eine wehmütige Sehnsucht nach dem Vergehen, eine mystisch-asketische Liebe zu Krankheit, Tod und den finsteren Mächten des Daseins. Diese beiden heterogenen Elemente lagen indes in Hardenbergs Gemüt nicht nebeneinander, sie haben eine untrennbare Verbindung eingegangen, die sich am vollsten in seinen schönsten Gedichten, den »*Geistlichen Liedern*«, ausprägt und die das Allercharakteristischste an ihm ist. Er wird hierdurch zum Vertreter eines ganz eigenartigen und seltenen Mystizismus, der gar nichts Grüblerisches und Dumpfes an sich hat, wie der mittelalterliche, ja kaum etwas Tragisches: man könnte ihn im Gegensatz zu der landläufigen Form der Mystik einen naiven oder idyllischen Mystizismus nennen.

Im Umgang muß er einer der liebenswürdigsten und gewinnendsten Menschen gewesen sein, und wir haben schon gesehen, ein wie vorteilhaftes Gegenstück er zu seinem Freunde Friedrich Schlegel abgab. Tieck schreibt von ihm, seine Virtuosität in der Kunst des Umganges sei so groß gewesen, daß geringere Köpfe es niemals wahrgenommen hätten, wie sehr er sie übersah. Das ist wohl das höchste Lob, das man dem Takt und der Umgänglichkeit eines Menschen ausstellen kann. Alles in allem genommen ist er eine der sympathischsten Figuren der deutschen Literatur, in seiner anspruchslosen, hingebenden, durchaus jugendlichen Art am ehesten dem gleichfalls

frühverstorbenen Hauff zu vergleichen, den er freilich an Tiefsinn unendlich übertraf.

Die Schriften philosophischen Inhalts

Hardenbergs Produktion war zwischen philosophischen und dichterischen Arbeiten geteilt, doch lagen
beide Tätigkeiten nicht etwa (wie dies bei den meisten
Dichterphilosophen der Fall war) ziemlich getrennt nebeneinander, sondern seine Tendenz ging im Gegenteil auf eine völlige
Vereinigung von Poesie und Philosophie; daher tragen auch
seine Dichtungen vielfach einen philosophischen Charakter, wie
der unvollendete Roman »*Heinrich von Ofterdingen*«. Doch sind
nur die einzeln verstreuten Gedanken und Bemerkungen, die
dieser Roman enthält, von größerer philosophischer Bedeutung;
dagegen darf man sich nicht verhehlen, daß der Roman als Gan-
zes undurchsichtig komponiert ist, im Mystischen und Symboli-
schen erstickt und daher in der vorliegenden Fassung nicht nur
äußerlich, sondern auch innerlich ein Torso geblieben ist.

Durchaus philosophischen Charakters sind die beiden Es-
says »*Die Christenheit oder Europa*« und »*Glaube und
Liebe*«; ebenso sind »*Die Lehrlinge von Saïs*«, die öfters als No-
vellenfragment aufgefaßt werden, das Bruchstück einer natur-
philosophischen Abhandlung in novellistischer Form.

Die Hauptquelle für die Kenntnis der Philosophie Hardenbergs sind die »*Fragmente*«, eine umfangreiche Aphorismensammlung, welche bunt aneinandergereihte Gedanken über phi-
losophische und wissenschaftliche Themen umfaßt. Ein Teil

davon ist im Athenäum unter dem Titel »*Blüthenstaub*« erschienen. Das Ganze sollte vermutlich als Material zu einem Werk dienen, das Novalis mehrfach »Die Encyklopädie« nennt; es ist anzunehmen, daß der Dichter die aphoristische Form beibehalten wollte und seine Hauptaufgabe in der Anordnung, Sichtung und Ergänzung des Stoffs erblickt hätte.

Der Charakter der philosophischen Darstellung

Die Art, wie Novalis philosophierte, paßt durchaus nicht in die Schablone der damaligen Zeit. Ihm war das Philosophieren nicht bloß eine wissenschaftliche Tätigkeit, sondern ebensosehr und in noch weit höherem Maße eine lebendige Kunstübung. Seine Gedanken sind Stimmungen, innere Erlebnisse, problematisch in Form und Inhalt und nur durch die Einheit seiner künstlerischen Individualität verknüpft.

Die fragmentarische Darstellung war nicht die von ihm aus irgendwelchen äußeren Gründen oder aus Bequemlichkeit ergriffene Form, es war die seinem impulsiven, impressionabeln Wesen durchaus angemessene und einzig organische Ausdrucksweise. Sehr treffend schrieb Friedrich Schlegel über ihn: »Er denkt elementarisch. Seine Sätze sind Atome«, und ebenso klar hat auch Novalis selbst das Eigentümliche seines Denkens erkannt, wenn er sagt: »Als Fragment erscheint das Unvollkommene noch am erträglichsten – und also ist die Form der Mittheilung dem zu empfehlen, der noch nicht im Ganzen fertig ist und doch einzelne merkwürdige Ansichten zu geben hat.«

Sein Grundcharakter war die Unvollkommenheit, alles an ihm war nur Anlage, Keim, Entwicklungsansatz. Das wußte der Dichter, und er schrieb in sein Tagebuch: »Ich soll hier nicht vollendet werden« und ein andermal: »Ich soll hier nichts erreichen, ich soll mich in der Blüthe von allem trennen.« In diesem Sinne hat er uns denn auch wirklich nichts anderes gegeben als die *Blüte* einer Philosophie.

Die Kunst als Zentralbegriff

Im Mittelpunkt der Hardenbergschen Philosophie steht die *Kunst*. Wie Novalis selbst alles, was er betrieb, künstlerisch anfaßte, so erscheint ihm alles, was in der Welt unternommen wird, nur insoweit wertvoll und angemessen, als es unter künstlerischen Gesichtspunkten und mit Künstlerschaft geschieht. Schon das Menschwerden ist eine Kunst. Sittlichkeit und Philosophie, Mathematik und Experiment, Heilkunde und Politik: kurz das ganze Leben ist eine Kunst, und zwar ist hier Kunst nicht im Sinne von Kunstfertigkeit gemeint (in dieser Bedeutung spricht man ja allgemein von Heilkunst, Fechtkunst usw.), sondern Novalis denkt überall an eine Kunsttätigkeit, die von Dichtung, Malerei und Musik nicht wesentlich verschieden ist: überall fordert er Genie, Phantasie und schöpferische Gestaltungskraft. Jeder Mensch, was er auch betreibt, soll ein Dichter sein: der Musiker soll mit Tönen, der Maler mit Farben, der Mechaniker mit Kräften, der Philosoph mit Begriffen, der Fürst mit Völkern und Staaten, der Romantiker mit dem Leben dichten.

Die Religion als Zentralbegriff

Alles soll mit Kunst getan werden, daraus folgt für Novalis: alles muß mit Religion getan werden. Alles ist eine Tatsache des Glaubens, alles verlangt Frömmigkeit und Glauben. Vom Glauben hängt die Welt ab. Moral und Philosophie haben ihre Wurzel und ihren ersten Antrieb im Glauben. Auch der magische Idealismus hat seinen Grund und seine Möglichkeit im Glauben. Der Idealstaat der Zukunft wird ein Glaubensstaat sein, der alle Völker und Zonen durch das gemeinsame Band einer Universalreligion vereint. Unter dieser Religiosität, die die Grundlage und Voraussetzung alles höheren geistigen Lebens ist, versteht jedoch Novalis nicht eine bestimmte positive Glaubensüberzeugung, sondern überhaupt das innige und starke Gefühl von der Allgegenwärtigkeit eines göttlichen Wesens. Dieses Gefühl ist unbestimmt und geheimnisvoll, denn es hat seinen dunklen Ursprung in der Grundverfassung unseres Gemüts.

Alles, was wir tun, hat seine Wurzel im Gefühl, »Gefühl ist Alles«: dies ist die Grundansicht Hardenbergs. Sie hat ihre charakteristischste Ausprägung in den »*Lehrlingen von Saïs*«, wo die Steine sagen: »das Denken ist nur ein Traum des Fühlens«. In dieser Hinsicht gehört Novalis in die Gruppe der mystischen Gefühlsphilosophen, der Hamann und Lavater und ihrer Nachfolger.

Universalidealismus

Es liegt in der künstlerischen und religiösen Grundrichtung Hardenbergs, daß seine Philosophie prinzipiell idealistisch gesinnt ist, und zwar in einer so durchgängigen und ausschließlichen Weise, daß sie als Universalidealismus gelten darf. Dieser Universalidealismus hat bei Novalis eine doppelte Pointe. Erstens bedeutet er soviel als: Alles ist Geist, Seele, Leben. Er ist gleichsam die Umkehrung des französischen Materialismus: für Lamettrie war der Mensch eine Maschine, für Novalis ist im Grunde jede Maschine eine Art Mensch. Man kann diese Art Idealismus nicht schärfer aussprechen, als es Novalis in einem Aphorismus der »*Fragmente*« getan hat: »Alles was wir denken können, denkt selbst.«

Zum zweiten will Hardenbergs Idealismus soviel besagen als: alles hat sein Ideal, dem es unwillkürlich zustrebt und von dem es innerlich getrieben und bewegt wird. Alles wird durch die Idee der Vollkommenheit organisiert. So lebt jede Maschine vom Perpetuum mobile, jeder Mensch von Gott, jeder Staat vom Idealstaat.

Evolutionismus

Alles steht zu seinem Ideal in dem Verhältnis zunehmender Annäherung, alles steht unter der Herrschaft des *Entwicklungsprinzips.* Ja, Novalis ist sogar der Ansicht, es liege in der Natur des Ideals, daß es einmal erreicht und verwirklicht wird. Daher hält er den magischen Idealismus für möglich und neigt sich in der Geschichtsphilosophie Ideen zu, die dem *Chiliasmus* verwandt sind.

Panmagismus

Man hat Hegels System als Panlogismus und (erst in jüngster Zeit) Hebbels Weltanschauung als Pantragismus bezeichnet. In analoger Weise könnte man Hardenbergs Philosophie Panmagismus nennen; denn Novalis sieht überall Wunder und will alles wunderbar erklärt wissen, wobei er freilich unter Wunder und Magie nicht dasselbe versteht wie die Zauberkünstler, die seine Zeit in so lebhafte Aufregung versetzt haben. Das Wunder, das überall schlummert und dessen Kraft, richtig genützt, alles vermag, ist für Novalis *der Geist*, wo und in welcher Form immer er auftritt. Der Geist ist seiner Natur nach schrankenlos, und es gibt daher keine bestimmten Grenzen seiner Machtmöglichkeiten. Wenn wir heute mit der Hilfe unseres Geistes imstande sind, gewisse Gliedmaßen zu dirigieren, so liegt es nur an uns, ob wir auch einmal fähig sein werden, alle Teile unseres Körpers, die ganze Welt willkürlich in Bewegung zu setzen. Dies ist der Sinn des magischen Idealismus, dessen Wundertaten von unsern heutigen Leistungen nur dem Grade, nicht der Art nach verschieden sind.

Der magische Idealismus hat nur so lange etwas Befremdendes, als man sich an das Wort hält. Eine Weltansicht hängt von dem Standort ab, den der Beschauer einnimmt, und von den Augen, die er im Kopfe hat. Man kann dieselbe Sache in der Tiefe und in der Fläche sehen. In den epochemachenden Leistungen des neunzehnten Jahrhunderts, welche die Vertreter der »naturwissenschaftlichen Weltanschauung« als die Hauptstützen ihrer Lehre anführen, hätte Novalis die vollgültigsten und bedeutsamsten Belege für *seine* Weltansicht erblickt. Die Beherrschung des Erdballs durch Telegraphie, Telephon und Dampfrad, die Fixierung des Menschen durch Photographie, Phonograph und Kinematograph, die Fortschritte in der Chemie und Medizin, die Erfolge der preußischen Politik und Strategie: dies alles sind Tatsachen, die in der Richtung des magischen Idealismus liegen, und wenn man Novalis richtig versteht, so paßt niemand besser in sein System als ein Bismarck oder ein Edison.

Eklektizismus

Es entsprach der künstlerischen Natur Hardenbergs, daß er als Philosoph *Eklektiker* war. Sein Denken schöpfte aus allen Quellen und wir haben gesehen, wie Fichte und Friedrich Schlegel, Goethe und Schelling, Hamann und Schleiermacher, Galvani und Brown seine Richtung bestimmt haben. Daneben wirkten noch manche andere, z. B. der junge Naturforscher *J. W. Ritter*, mit dem er befreundet war, und der Holländer *F. Hemsterhuis*, den er sorgfältig studiert hat. Indes haben diese vielfachen und verschiedenartigen Elemente, aus denen seine Philosophie zusammengesetzt ist, der Einheit seiner Weltanschauung nicht geschadet, sondern eine durchaus organische Verbindung miteinander eingegangen, indem er mit einem sehr glücklichen Instinkt überall das künstlerisch Wertvolle herauszugreifen wußte. Charakteristisch hierfür ist, um nur ein Beispiel anzuführen, sein Verhältnis zu Fichte und Schelling. Das Künstlerische an der Fichteschen Philosophie ist die geniale Erklärung der Welt, die er von der im Dunkeln arbeitenden Einbildungskraft nach Art eines Kunstwerks erzeugt werden läßt. Diese Idee, die die Allmacht der menschlichen Phantasie lehrt, hat Novalis begeistert ergriffen. Indes liegt es in der Natur des Kunstwerks, daß es weniger ist als der Künstler, daß es sich zu diesem verhält wie der Teil zum Ganzen, wie die Kraftleistung zur Kraft, wie das Tote zum Lebendigen. Unter diesem Gesichtspunkt wird die Natur daher notwendig zu einer Angelegenheit zweiter Ordnung degradiert. Mit sicherem poetischen Takt ergreift daher Novalis in der Naturphilosophie die Richtung Schellings, der hier dem Künstler mehr zu sagen hat.

Der Eklektizismus Hardenbergs hat aber nicht bloß künstlerische Motive. Es lag in den philosophischen Intentionen des Zeitalters, ein möglichst lückenloses Gesamtbild des zeitgenössischen Geisteslebens zu konzipieren, ein Plan, den erst Hegel verwirklicht hat, die Romantiker aber schon gefaßt hatten. Auch Novalis schwebte eine solche *Enzyklopädie* vor, freilich nicht in der systematischen Form Hegels, sondern als Aphorismensammlung.

Darstellung und Sprache

Die Darstellung, in der Novalis seine philosophischen Gedanken vorbringt, entspricht dem Inhalt: sie ist sprunghaft, problematisch, intuitiv, oft dunkel. Eine gewisse Mystik der Form scheint er sogar mit Absicht angestrebt zu haben. So sagt er selbst in der Vorrede zu » *Glaube und Liebe*«: »der mystische Ausdruck ist ein Gedankenreiz mehr. Alle Wahrheit ist uralt. Der Reiz der Neuheit liegt nur in den Variationen des Ausdrucks«, und ein andermal setzt er auseinander, daß doch eigentlich nur die Methode, der Gang, der Prozeß einer Darstellung das Interessante und Angenehme an ihr sei. Am merkwürdigsten und charakteristischsten hat er sich über das Wesen der Sprache in einem originellen kleinen »Monolog« geäußert. Es heißt dort: »Der lächerliche Irrthum ist nur zu bewundern, daß die Leute meinen – sie sprächen um der Dinge willen. Gerade das Eigenthümliche der Sprache, daß sie sich blos um sich selbst bekümmert, weiß keiner... Wenn man den Leuten nur begreiflich machen könnte, daß es mit der Sprache wie mit den mathemathischen Formeln sei – sie machen eine Welt für sich aus – sie spielen nur mit sich selbst, drücken nichts als ihre wunderbare Natur aus, und eben darum sind sie so ausdrucksvoll.« Das ist gewiß echt künstlerisch gedacht, und Novalis selbst hat seiner Sprache auch immer ihre freie Lebendigkeit und ihren natürlichen Reichtum gelassen, – aber es hat ihn auch verleitet, sich oft in dunkle Allegorien und gekünstelte Parallelismen zu verlieren, die er selbst wohl ganz unklar empfunden hat. Es ist z.B. gewiß nicht mehr als ein bloßes Spielen mit vagen Analogien, wenn er sagt: »Die Kraft ist der unendliche Vocal, der Stoff der Consonant.« Wenn es heißt, »Wasser ist eine nasse Flamme«, so sieht dies einer leeren Geistreichelei schon allzu ähnlich. Ebenso wird es schwerfallen, in dem Satz »der Mann ist lyrisch, die Frau episch, die Ehe dramatisch« einen bestimmten Sinn zu entdecken, obschon es sich nicht leugnen läßt, daß viele Frauen sehr episch und viele Ehen sehr dramatisch sind. Die Beispiele ließen sich noch beliebig vermehren. Indes darf man nicht vergessen, daß es sich hier immer nur um undeutliche und verschobene *Bilder* und nicht um schiefe *Gedanken* handelt.

Literarische Persönlichkeit

Wir haben am Schlusse der Lebensskizze Hardenbergs seiner biographischen Persönlichkeit gedacht, und es erübrigt nunmehr, noch einen kurzen Blick auf seine literarische Persönlichkeit zu werfen. Beide Charaktere brauchen sich nicht notwendig zu decken, ja es wird fast nie eine völlige Übereinstimmung zwischen ihnen stattfinden. Im täglichen Leben erscheint das Wesen des Schriftstellers unklarer, schwankender, gemischter, denn es ist nicht zu vermeiden, daß der Verkehr mit verschiedenartigen Menschen fortwährend kleinere oder größere Aberrationen in seiner persönlichen Richtung hervorruft, und gerade je höher und reifer eine Persönlichkeit entwickelt ist, desto mehr wird sie versuchen, im geselligen Umgang eine Art mittlerer Proportionale zwischen sich und den andern herzustellen. Sobald dagegen der Dichter oder Philosoph an den Schreibtisch tritt, nimmt sein Wesen einen viel freieren und selbstmächtigeren Charakter an, nun wird er erst er selbst: er ist mit sich allein, und er fühlt die Verpflichtung, möglichst mit sich allein zu bleiben. Und doch ist er auch wieder weniger allein als je, denn er hat gleichsam das Gefühl, als säße er in einem großen Spiegelzimmer, und er weiß sehr wohl, daß es nicht lauter Planspiegel sind, die sein Bild auffangen. Unwillkürlich wird ihn daher das Bestreben leiten, sich eine solche Haltung zu geben, daß möglichst wenige Karikaturen von ihm entstehen, oder doch möglichst ästhetische Karikaturen. Dieser Zustand, in den die öffentliche Wirksamkeit unfehlbar versetzt, wird bei vielen Schriftstellern eine Befangenheit und Unnatürlichkeit erzeugen, die ihre Gedanken zu Boden fallen läßt und ihre Begabung verdunkelt. In denen jedoch, die zu den wahrhaft Berufenen gehören, wird die Wirkung eine entgegengesetzte sein: es wird in ihnen eine Ungezwungenheit, Kraft und Freiheit erwachen, die sie im gewöhnlichen Leben nie besitzen.

Diese Berufung zur künstlerischen oder philosophischen Wirksamkeit ist *auch* eine Art höherer Gnadenwahl und von mysteriösem Ursprung. Sie äußert sich in dem bestimmten und sichern Gefühl des Künstlers oder Denkers, daß er reden darf und muß, daß er als öffentlicher Sprecher auf einem Posten steht, der ihm gebührt, und daß man wohl über den Wert seiner einzelnen Leistungen streiten kann, niemals aber über seine allgemeine Berechtigung, sich zu einer Vielheit zu äußern. Dieses Gefühl beherrscht ihn oft schon, ehe er noch recht weiß, *was* er sagen wird, und gibt ihm die größte Sicherheit.

Zu diesen Berufenen gehörte Novalis, und daher sind die Züge, welche er als Schriftsteller trägt, ganz andere als die, welche er im täglichen Verkehr hatte. Seine philosophischen Schriften sind keineswegs naiv, sondern von einer schriftstellerischen Überlegenheit, die mit der des jüngern Schlegel wetteifert; ebensowenig sind sie konziliant, sie tragen zumeist ein fast diktatorisches Gepräge. Aber Novalis durfte sich so äußern, denn er hat philosophiert, nicht bloß um seinen Geist in Bewegung zu setzen, sondern um das auszusprechen, was sein innerstes Gemüt ihm zurief. Hier lag wohl auch der Grund für seine Abneigung gegen die französischen Enzyklopädisten, mit denen er manche Berührung hätte finden können: diese waren voll Geist, aber sie waren eben *nur* Geist, und man spürte sehr wohl, daß sie von allem, was sie sagten, auch ebenso glänzend das Gegenteil hätten beweisen können. Novalis hätte aber niemals etwas andres sagen können, als er gesagt hat, von ihm darf in einem veränderten Sinne gelten, was von dem König im Uhlandschen Gedicht gesagt wird: »was er schreibt, ist Blut«.

Neben und nach ihm wirkten auch andre hochbegabte romantische Dichter und Schriftsteller, aber in keinem ist der romantische Geist so zu Fleisch und Blut geworden wie in ihm: er ist gleichsam der Archetype der Romantik. Was andre nur in dem und jenem Punkte waren: er war es *ganz*: als Mensch, als Dichter und als Denker.

Ganze Menschen sind selten in der Geschichte, aber *wenn* sie erscheinen, dann *bleiben* sie auch und widerstehen standhaft dem Weltlauf, denn sie sind mehr als eine historische Spezialität, sie sind jeder eine *Gattung für sich*, die unersetzlich und unauslöschbar ist. Eine solche Erscheinung war Novalis, und darin liegt seine Größe.

„Novalis", Eduard Eichens, 1845.

Egon Friedell, 25. Dezember 1931 (Edith Barakovich)